AF810238

Sitzungsberichte
der Heidelberger Akademie der Wissenschaften
Mathematisch-naturwissenschaftliche Klasse
Jahrgang 1931. 7. Abhandlung

Dritte Mitteilung

zur

Statik und Dynamik der deutschen Stammesphysiognomien

von

Willy Hellpach
Dr. phil. et med., o. Hon.-Prof. a. d. Univ. Heidelberg

Vorgelegt den 26. Juni 1931

Berlin und Leipzig 1931
Walter de Gruyter & Co.
vormals G. J. Göschen'sche Verlagshandlung / J. Guttentag, Verlagsbuchhandlung / Georg Reimer / Karl J. Trübner / Veit & Comp.

Archiv-Nr. 52 04 31
Druck von Walter de Gruyter & Co., Berlin W 10

I. Die rheinische Mimik.

Der Bemühung, den statischen Tatbestand des fränkischen Gesichts (frä. Ges.) hinsichtlich seiner plastischen (ihn immer wieder herausmodelnden) Kräfte aufzuhellen (zu „erklären"), bietet sich die Dynamik der rheinischen Physiognomie als ein naheliegendes Angriffsfeld dar. Denn das rheinische Wesen („Wesen" im Sinne von Gebaren, Sich-Geben) ist seit jeher durch besondere expressive Lebhaftigkeit gekennzeichnet; unter allen landschaftlichen Bezeichnungen von „Seelenteilen" (Platon) ist die Formel „rheinisches Temperament" in Deutschland vielleicht die landläufigste. Ausdruckslebhaftigkeit aber schließt eine sehr starke Sichtbarkeit des mimischen Gebarens ein, eignet sich also vorzüglich für die deskriptive, man muß hinzufügen: wortmäßig beschreibende Erfassung. Denn für die bildmäßige Erfassung gilt beinahe das Umgekehrte: lebhafte Naturelle haben bekanntlich ein schlechtes „Photographiergesicht", Bilder von ihnen geben das Bezeichnendste, eben das nie ruhende Mienenspiel, *nicht* wieder und zeigen daher leicht etwas Fremdartiges, Maskenhaftes.

Leider ist der Begriff „rheinisch" verwaschen und bedarf vor seiner Einführung in eine wissenschaftliche Deskription der Umschreibung. Er umspannt weder das ganze Oberrheinische (den Basler wird niemand „rheinischen Wesens" nennen wollen) noch das ganze Niederrheinische mit (im Rheinland selber ist es landläufige Meinung, unterhalb von Düsseldorf höre das „echt rheinische" Wesen auf). Köln, Bonn, aber auch Mainz gelten als unbestritten rheinisch; bei Essen oder Barmen treten Fragezeichen auf: sie sind unbestreitbar rhein*ländisch*, d. h. sie gehören zur administrativen Sphäre „Rheinland" = Rheinprovinz, aber werden z. B. von den Kölnern dem Wesen nach nicht mehr als wirklich rheinisch bewertet, wobei als rheinisches Wesen große Leichtigkeit und Beweglichkeit der Auffassung, der Verarbeitung, aber auch der Abschüttelung und Wandlung im Erleben, frohgemute Lebensgrundstimmung mit ausgesprochener Tendenz zur Lustigkeit, zu Vergnügen und Spaß, Unverwüstlichkeit der Lebensfreude und Lebenskraft unterstellt wird. In *diesem* Sinne beginnt das „Rheinische", wenn wir der Stromrichtung folgen, „oben" mit dem „Pfälzischen", d. h. an der Nordgrenze des Alemannischen, deutlich also bei Mannheim-Ludwigshafen [1]), andeutungsweise (mehr in den breiten Volksschichten als in der „Gesellschaft") unterhalb von Karlsruhe-Maxau, schließt östlich weiter unten Elberfeld und Solingen noch sicher ein, ebenso wie schon weiter oben westlich Rheinhessen und die Mosel bis Trier hinauf, und endet auf der Strecke Düsseldorf-Duisburg. Seine Hauptachse bildet der Strom selber: die *an* ihm gelegenen Land- und Ortschaften, auch die größten Städte, sind prototypisch rheinisch bevölkert. Zieht man eine Linie von Mannheim nach Düsseldorf, eine sie schneidende von Elberfeld nach Trier und verbindet die vier Hauptpunkte dieses Kreuzes miteinander, so erhält man ungefähr das Viereck des im eigentlichen Volkstumssinne „Rheinischen".

Im engeren Begriff wird dann öfters „rheinisch" *der* Teil des Vierecks genannt, der „rheinländisch" ist, zur Rheinprovinz gehört: also etwa von Rüdesheim stromab. Assoziationen mit dem landschaftlich berühmtesten Stück des Rheins mögen dabei mitspielen, aber verhältnismäßige Berechtigung hat eine solche Einengung auch in Ansehung der *Sprechweise*, die wir von der *Mundart* im linguistischen Sinne unterscheiden müssen, denn es geht nicht um Wortgebrauch und Lautform, sondern um den *Tonfall*, den *Akzent*. Erst in diesem Gebiet tritt jenes *singende* Sprechen auf, freilich deutlich erst unterhalb von Koblenz, an dem jeder den „Rheinländer" erkennt. In Mainz noch fehlend, erreicht es in Bonn und Köln seinen Höhepunkt und tritt von Duisburg aber schon wieder zurück. *Dieses* Gebiet ist zugleich das *Verdichtungsfeld* der hier zu erfassenden *rheinischen Mimik.*

Zugrunde gelegt sind außer jahrelangen, nun schon weit über hundert Ortschaften umfassenden, immer wiederholten und nachgeprüften Beobachtungen auf Straßen und Märkten, in den Eisenbahnen und Gaststätten, in Versammlungen und Gesellschaften (ein unentbehrliches Anfangs- und Hilfsverfahren, das weiterhin als „*Zählung am Wege*" bezeichnet werden soll) nunmehr planmäßige Schuluntersuchungen in den oberen Klassen (insbesondere, wegen der stärkeren Lebhaftigkeit der Mimik, von Mädchenschulen). Solche Untersuchungen sind hier verarbeitet aus den Städten *Köln*, *Düsseldorf*, *Duisburg*, *Essen*, *Elberfeld*, *Barmen.*

[1]) Es ist immerhin beachtlich, daß die 1923 umgehenden Projekte eines verselbständigten „rheinischen" Staatsgebildes die Einbeziehung nicht nur von Mainz, sondern auch von Mannheim als „natürlich" unterstellten.

Messungen kommen nicht — „noch" nicht? — in Frage; Versuche dazu haben zu nichts geführt, eher vom Kernpunkt unserer Fragestellung weggeführt. Für unsere Deskription handelt es sich darum, die natürliche, ungekünstelte Dynamik des Mienenspiels möglichst häufig und sorgfältig zu beobachten.

Der Beobachter wohnt dem Unterricht bei; tunlichst in verschiedenen Fächern (denn die Inanspruchnahme oder Anregung bestimmter mimischer Qualitäten und Bezirke ist in den Fächern recht verschieden, von fast ausschließlicher Aufmerke- und Denkmimik in der Mathematik bis zur ungezwungenen Plauder- und Lachmimik in literarischen Stunden — verschieden übrigens auch je nach dem „Ton" in der Klasse, den der Lehrer beliebt oder zuläßt). Alle vorpuberen Klassen haben sich als unergiebig, als mimisch noch sehr „wesenlos" erwiesen. Verarbeitet wurden also die Beobachtungen an Jungmenschenmaterial vom 16. Lebensjahre aufwärts.

Der Beobachter tut oft gut daran, wiederholt in derselben Klasse zu weilen, denn erst dann entfallen die anfänglichen Neugierderegungen der Zöglinge; die Anwesenheit eines Fremden im Unterricht führt bei reifenden Mädchen anfangs manchmal zu theatralischem Gebaren, bei reifenden Knaben umgekehrt zu Hemmungen. Darum ist auch die Anwesenheit während der *ganzen* Stunde notwendig, erst im zweiten Teil wird solch ein Gast der Klasse gleichgültiger und daher in bezug auf ihre Mimik indifferent. Lektionen, während deren die Gesichter meist im Buch stecken, wie fremdsprachliche Lektüre, sind natürlich ungünstig: lebhaftes Frage- und Antwortspiel bietet die ergiebigsten Einblicke, Geschichte, Deutsch, Religion waren daher überall die immer wieder günstigsten Fächer. Noch so lebendige fremdsprachliche Konversation trübt häufig die Beobachtung durch das Auftreten gekünstelter Mundstellungen aus phonetischen Motiven. Als *Gegen*stück und zur Aussonderung bietet die reine Denkmimik, z. B. im mathematischen Unterricht oder beim Präparieren schwieriger fremdsprachlicher Autorenpartien, manches Wertvolle.

Alle Schulleitungen und Lehrkräfte förderten die Beobachtungen durch Herstellung eines Klassenspiegels, der die Sitzordnung aufzeichnet und hinter jedem Namen den Geburtsort, die Wohndauer am Schulorte, die stämmische Herkunft der Eltern, manchmal auch der Großeltern enthält. Öfters wurde dieser Klassenspiegel erst *nach* dem Klassenbesuch durchgesehen, und es zeigte sich dabei, daß in einer ansehnlichen Zahl von Fällen Zöglinge aus Ostdeutschland, Österreich, Thüringen, Schwaben, noch ehe sie geantwortet und sich dabei etwa mundartlich zu erkennen gegeben hatten, auf den ersten Blick als „unrheinisch" verzeichnet worden waren.

Unter fördernder Genehmigung der preußischen Unterrichtsverwaltung werden diese Schuluntersuchungen weitergeführt. Dem unvergleichlichen Entgegenkommen gerade der Schulleitungen und Lehrerschaften im rheinischen Beobachtungsgebiet, welche unter lebendigster Anteilnahme auf die liebenswürdigste Art jede Schwierigkeit aus dem Wege räumten, bin ich ebenso zum besonderen Dank verbunden wie dem preußischen Herrn Minister für Wissenschaft, Kunst und Volksbildung für eine mir mitgegebene generelle Anweisung an die Schulbehörden zur Genehmigung und Unterstützung meiner Gastbesuche in den Klassen; nicht zuletzt aber der Deutschen Forschungsgemeinschaft (Notgemeinschaft der deutschen Wissenschaft) für die auf geraume Sicht gewährte Sicherstellung des materiellen Aufwandes, dank deren die Untersuchungen gegenwärtig schon aufs fälische und ostische Gebiet und auf die Weltstadt Berlin ausgedehnt werden konnten.

Die rheinische Mimik kennzeichnen folgende Merkmale:

1. „*Schnutige*" *Mundstellung.* Der Mund ist dauernd wie leicht gespitzt, beide Lippen sind etwas vorgeschoben, die Mundspalte steht ein ganz klein wenig offen; die Gesamtformung ist annähernd dieselbe, wie sie zum Aussprechen der Umlaute ö bis ü von uns allen vorgenommen werden muß. Sie wird oft besonders markant beim interessierten Zuhören sowie in der Bereitschaftsstellung zum eigenen Sprechen. Sie kann aber auch die dauernde Ruhestellung der Mundpartie, etwa beim unbeobachtet sich wähnenden Alleinsein, völlig beherrschen. Sie ist noch auf zahllosen Photographien charakteristisch sichtbar. Ihre *Korrelate* sind:

Einziehung der Wangen (genau wie beim ö- oder ü-Sprechen) mit daraus sich ergebender stärkerer Sinnfälligkeit der Jochbeine und der Jochschatten;

sehr bestimmte bogige Modellierung der Oberlippe („Amorbogen");

tiefe Eingrabung des Kinnfältchens durch die Schürzung der Unterlippe (nach Prof. PETER SCHNEIDER-Würzburg schon vor Jahrhunderten als „fränkisches Kinn" im Sinne eines ästhetischen Vorzugs bezeichnet).

2. *Leicht erhobenes Haupt.* Der Kopf ist etwas in den Nacken geworfen, mehr als sonst in Deutschland üblich, eine ähnliche Kopfhaltung herrscht in Frankreich vor (und ist hier auch auf Bildern oft sichtbar bis zum „herausfordernden" Ausdruck der Photographierpose); die genau entgegengesetzte Tendenz, leichtes Beugen des Nackens, Nach-vorn-Neigen des Kopfes, Senken des Kinns ist in Österreich die Regel (namentlich als Haltung in der „Gesellschaft"). Bei solchem Vornüberneigen entsteht Aufstauung der Weichteile unter und neben dem Kinn (*Kata-* und *Para*sarkie, „Doppelkinn", in Österreich enorm häufig). Beim rheinischen Erhobenhalten des Kopfes dagegen werden alle Muskelpartien

kinnab- und kinnseitwärts straffer gespannt, eine solche Kopfhaltung gleicht katasarkale, die Mundschnutung gleicht parasarkale Ansammlungen, selbst wo sie an sich da sind, aus, läßt sie minder sichtbar werden, verhütet sie möglicherweise schon; sie unterstützt mindestens die Herausmodellierung einer ovalen bis spitzen Kinnpartie.

Alles bisher beschriebene Dynamische ist an jedem Menschen experimentell demonstrierbar, für jeden an sich selber vor dem Spiegel. Viel schwieriger demonstrierbar ist das dritte rheinische Mienenmerkmal:

3. *Stirnhochfaltung mit Brauenhochstand bei Lidsenkung*: ebenso charakteristisch in der Beobachtung, wie schwer nachahmbar für den nichtrheinischen Menschen. Ich habe sie in diesem Beieinander sonst nirgends angetroffen; nachdem sie mir in den Schulklassen aufgegangen war, hat sie sich mir auch in der „Zählung am Wege" als ein lange gesuchtes kardinales Physiognomikum des rheinischen Ausdrucks offenbart. Den meisten Menschen gelingt es nur dann, die Stirn in 3—5 wagerechte Falten zu legen (sie horizontal zu „runzeln"), wenn sie gleichzeitig die Augenlider hochziehen, also die Augen aufreißen. Im rheinischen Mienenspiel aber bleiben oder *werden* die Lider *gesenkt*, fast wie zum Lesen, und werden gleichzeitig die Brauen hochgezogen wodurch die Stirn sich horizontal faltet. Die psychologische Wirkung — „Ausdruckswirkung" — geht zum Überlegenen, ja Überheblichen hin, spielt ins Selbstüberzeugte, Blasierte: das horizontale brauenhebende Stirnfalten ist ja als Intellektualmimik ein wesentliches Ausdruckselement des Zweifels, gesenkte Lider aber sind als Emotionalmimik ein wesentliches Ausdruckselement der Gelassenheit.

Der Aus- (und Ein-)druck des leicht erhobenen Kopfes wird durch die lidersenkende und brauenhebende Stirnhochfaltung physiognomisch noch unterstrichen.

Hermann Aubin hat neuerdings die Meinung geäußert, ob nicht aus dem *fränkischen*, dessen heutige Einheitlichkeit fragwürdig sei, sich ein *rheinischer Stamm* herausdifferenziere. Diese Hypothese ist höchst beachtenswert. Sie wird durch die eben dargestellten physiognomischen Tatbestände überraschend gestützt. Während die schnutige Mundstellung schlechthin, wenn auch in mannigfachen Stufungen ihrer Augenfälligkeit, und samt ihrer unmittelbaren Wirkung, der Jochigkeit des Gesichts, allgemein fränkisch ist, habe ich die Dynamik der Lidsenkung mit Brauenhochzug im ostfränkischen Stammesgebiet nicht beobachten können; sie verliert sich etwa im Rheinhessischen, stromauf gerechnet, und ist an der Grenze des eigentlich Rheinischen stromab, also zwischen Köln und Duisburg, besonders eindrucksvoll. Nimmt man hinzu, daß namentlich auch in der Sprechmelodie, dem *Akzent*, Rhein- und Mainfranken, zumal durch die sprachliche Bajuvarisierung der letzteren, sich stetig voneinander entfernen, so wird es recht wahrscheinlich, daß der altfränkische große Stamm vor unsern Augen in ein „rheinisches" und ein „mainisches", im engeren Sinne (nach der heutigen Bezeichnungsweise des Wohnsitzes „Franken") „fränkisches" Glied, auseinanderfällt. Zwischen und neben ihnen würden sich die hessische und die pfälzische Zone als Übergangs- oder Anhangsstücke darstellen.

Der altfränkische Gesamtstamm hätte sich dann innerhalb eines Jahrtausends in die 6 Unterstämme *vlämisch*, *holländisch*, *rheinisch*, *pfälzisch*, *hessisch*, *fränkisch* neu aufgespalten.

II. Das fälische Gesicht.

An seinem nordwestlichen Rande stößt das Rheinische ganz hart an die von ihm kraß verschiedene *fälische* Wesensart. An kaum einer zweiten Stelle in Deutschland, auch in Baden zwischen Alemannisch und Pfälzisch nicht, ändert sich das „Wesen" der Bevölkerung innerhalb weniger Kilometer so außerordentlich wie an der rheinisch-fälischen Stämmescheide. Die übliche Zusammenfassung eines wichtigen Teiles dieser Gegend als Wirtschaftseinheit unter dem Begriff „rheinisch-westfälisch" läßt als Folie die Unterschiedenheit, ja den Gegensatz ihrer Bestandteile nur desto eindrucksvoller hervortreten.

Die physiognomische Wandlung, etwa zwischen Duisburg und Bochum oder zwischen Elberfeld und Hagen, muß ebenfalls als außerordentlich charakterisiert werden. Das Auftreten des fälischen Habitus vollzieht sich beim ersten Schritt aus dem Bereich der rheinischen Mundart heraus in den Bereich der fälischen Mundart hinein derart *massenhaft* und *sinnfällig*, daß es auch dem ganz Ungeschulten oft elementar zu Bewußtsein kommt, unter einen andern Volksschlag geraten zu sein. Mit der vulgären Bezeichnung des „westfälischen Quadratschädels" hat die volkstümliche Beobachtung eine Andeutung des Phänomens, freilich nicht das wesentliche erfaßt.

Das fälische Gesicht (wie wir es provisorisch nennen, indem wir es späteren Untersuchungen anheimstellen, Klarheit darüber zu schaffen, ob ein besonderer *west*fälischer Habitus Teil eines gesamt- oder von einem *ost*fälischen unterscheidbar ist) kennzeichnen folgende Merkmale:

1. Das *Rundgesicht* beherrscht den „physiognomischen Markt", Markt im Sinne des alltäglichen Volkstreibens verstanden. (Es ist wohl auch in der Charakteristik „Quadratschädel" mitgemeint.) Auffällig parallel zum entsprechenden Phänomen im Herzen des schwäbischen Stammesgebiets tritt massenhaft eine rundliche, oft geradezu *globale*, kugelige Gesamtkopfform in Erscheinung. Sie ist fürs schwäbische Gebiet auch anthropologisch festgestellt: z. B. nennt Kruse („Die Deutschen und ihre Nachbarvölker", 1929, S. 113) den hier überwiegenden Gesichtsformtyp „eiförmig" und findet ihn gleich verbreitet nur noch in Ostpreußen, Hannover und *Westfalen*, in Sachsen-Thüringen und in Köln-Düsseldorf; in Kruses prozentualer Tabelle S. 112 steht „Niedersachsen", d. h. nach seiner Erläuterung Westfalen, Friesland, Hannover, mit 18,7% an der Spitze von ganz Deutschland, während es die kleinste Zahl von „keilförmigen" Gesichtern (*mein* „fränkisches Gesicht" ist deren Prototyp) aufweist, nämlich nur 15,4%, gegenüber 23,7% in Hessen bis nach Düsseldorf und Aachen hin. In Kruses Gesichtsformentabelle steht (S. 114) Westfalen mit nur 24% „spitzer" Gesichter an der unteren Schwelle dieser Form, gegen z. B. Pfalz mit 42%, Hessen mit 30%, Trier mit 42% und Sachsen (Staat) mit 33% (was meine Feststellung über die Formverwandtschaft des fränkischen und des sächsischen Gesichts bestätigt, s. meine zweite Mitteilung zur Physiognomik der deutschen Volksstämme, Sitzungsber. d. Heidelb. Akad. d. Wissensch. Jahrg. 1925, 6. Abhandl. d. math.-naturw. Kl., S. 3). Westfalen wird nach Kruses Zählung an *Spitzgesichtermangel* nur noch überboten durch Hannover (bis Mecklenburg hin) mit nur 22—20%, daher die Fragestellung „gesamtfälisches Gesicht?" durchaus naheliegt, und durch Württemberg nebst Schweiz mit nur 18%.

Auf ganz andern methodischen Wegen kommt neuestens Walther Scheidt („Physiognomische Studien an *niedersächsischen* und *oberschwäbischen* Landbevölkerungen", 1931, Bd. V der von Prof. Dr. Eugen Fischer herausgegebenen „Deutschen Rassenkunde") zu dem Ergebnis (S. 94), „daß sich der physiognomische Querschnitts*typus* unserer Niedersachsen von dem der untersuchten oberdeutschen (also ober*schwäbischen* ! W. H.) Bevölkerungen nur in wenigen Merkmalen alternativ unterscheidet", und dabei spielt offensichtlich die von Scheidt ermittelte *Kinnähnlichkeit* mit, die in beiden Lagern, dem niedersächsischen wie oberschwäbischen, überwiegend *breites* Kinn zeigt, im niedersächsischen Gebiet mehr „eckig-breit", im oberschwäbischen Gebiet mehr „elliptisch-breit".

2. In den vielen Rundgesichtern fallen die *kleinen*, besonders aber die *eingebogenen* und *aufgestülpten Nasen* mit *sichtbaren Nasenlöchern* sogleich ins Auge. Sowohl in meinen Protokollen von Klassenbesuchen als auch bei „Zählungen am Wege" findet sich der Abkürzungsvermerk „StuNaNüSi", d. h. Stupsnase mit Nüsternsichtbarkeit, viel häufiger als bisher in irgendeiner deutschen Landschaft beobachtet werden konnte; die Durchschnittszahl übersteigt z. B. die mittelrheinische um mindestens $50^0/_0$. Da nüsternsichtbare Stupsnasen, zumal bei hohen und vierschrötigen Gestalten, wie sie in Westfalen sehr verbreitet sind, ebenso ins Auge fallen, wie umgekehrt große Hakennasen, zumal bei kleineren und grazilen Figuren, so verstärkt sich der oberflächliche Eindruck noch täuschend gemäß dem psychologischen Gesetz der numerischen Überschätzung des Auffälligen. „Krause" Nasenformen sind als Varianten der Stupsnase sehr häufig, unter ihnen tritt die „*Entenschnabelnase*" besonders hervor und nimmt gegen Nordwesten hin an Verbreitung zu, ihre größte Häufigkeit dürfte in Holland liegen; es handelt sich um ziemlich breite, eingebogene Nasen, deren Spitze wie ausgezogen, gegen die Nasenrückenlinie noch einmal im stumpfen Winkel abgebogen erscheint (Fig. 1). Es dürfte (außer vielleicht, aber noch nicht zureichend untersucht, Pommern) keinen deutschen Landstrich geben, in welchem sich auf hohen und breiten („athletischen") Gestalten so viele „Bulldogg"- und „Mops"gesichter finden, wie in Westfalen.

Fig. 1.

Auch die anthropologischen Bestandsaufnahmen stimmen dazu. KRUSES Nasenformindex-Tabelle (a. a. O. S. 147) zeigt jedenfalls das *gesamtfälische* Gebiet (Hannover und Westfalen) mit dem 1,2-Index an der unteren Indexgrenze, d. h. mit am reichsten an eingebogenen Nasen, darin überboten nur noch von Mecklenburg, Schleswig-Holstein, Nordsachsen-Thüringen und der Schweiz, wesentlich reicher als das (mit 1,4-Index aufwartende) nördliche Rheinland: „nach Osten zu sinkt der Index in *Westfalen* und Hessen stark ab" sagt der Autor, vom Rhein her rechnend; der zur Überschätzung im Eindruck verleitende Kontrast zwischen Rheinland und Westfalen wird also verständlich.

3. Die *fälische Mundpartie* hat im Unterschied von der rheinischen

etwas „Verschnörkeltes" (Fig. 2[a]). Zwar erscheint auch hier die Mundspalte besonders oft „halboffen" zu stehen. Zwar springen auch hier die Lippen deutlich vor, sind wie aufgeworfen. Aber zugleich mit dieser *Schnutung* sind die Mund*winkel* stark einwärts und rückwärts gezogen, „retrahiert" (s. meine Abh. „Das fränkische Gesicht", diese Sitzungsber. 1921, 2. Abh. S. 5 und S. 16), und ist die vertikale Oberlippenfurche besonders tief eingegraben. Dadurch verliert der fälische Mund die gleichsam immer „lächelbereite" Schnutigkeit des rheinischen, und der Mundausdruck erhält etwas Gehemmtes, ja Gezerrtes, oft möchte man sagen Gequältes, das seelisch zwischen Expressionsbereitschaft und herber Verschlossenheit steht. Die ganze Mundpartie erscheint wie „dysplastisch", was durch das Fortbestehen der rheinischen Kinnhaltung (etwas emporgehoben) und die dadurch bedingte Spannung, ja Zerrung der Kinn-Hals-Muskulatur noch unterstrichen wird. Mit Vorbehalt verzeichne ich, daß Kurzkinne und besonders auch *Fliehkinne* sehr häufig zu sein scheinen.

Fig. 2 a.

Entsprechend den früheren, praktisch durchaus bewährten analogen Schemen (z. B. „Das fränkische Gesicht", diese Sitzgsber. 1921, Abh. 2, S. 4—6) läßt sich die fälische Mundpartie als ein flaches gleichschenkliges Dreieck (Fig. 2[b]) schematisieren, dessen Basis die Unterlippe ist, während die einen stumpfen Winkel einschließenden beiden Schenkel die Oberlippe formieren und ein wenig über die basalen Ecken hinausstrahlen (eingeschnittene Mundwinkel). Charakteristisch wird durch dieses Schema hervorgehoben a) der stumpfe Winkel der Oberlippe, der bei der rheinischen Oberlippe noch nicht erscheint, die vielmehr einen gestreckten Winkel mit ganz leichter Geschwungenheit seiner Geraden bildet, b) die straffe Geradlinigkeit der beiden Schenkel, zu der die sanften Bogenkurven der rheinischen Oberlippe dank der Mundwinkelretraktion hier im fälischen Gesicht ausgezerrt sind. Die trianguläre Mundöffnung des fälischen Gesichts erweckt durch die in ihrer Umgebung sichtbaren harten Spannungen viel mehr einen statischen, fixierten Eindruck (als ob der Mund gar nicht geschlossen werden *könnte*, sondern halboffen „gebaut" sei), die rheinische Öffnung wirkt labiler, wie die Phase eines dynamischen, nie ruhenden Spiels zwischen Mundöffnung und Mundschließung.

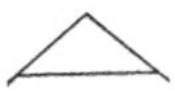

Fig. 2 b.

An einer Mädchenklasse (in Bochum) konnten im Sinne dieser Deskription unter 15 anwesenden Schülerinnen nicht weniger als 6 „auf Anhieb" als „echt fälisch" notiert werden: diese Schülerinnen waren geboren in Bielefeld 1, Linden 1, Bochum 4. An einer Knabenklasse wurden von 30 Gesichtern 12 sofort als fälisch charakterisiert; in einem Hortnerinnenlehrgang vermerkte ich von 20 Mädchen 8 als fälisch, *immer* war die Mundstellung entscheidend für die Diagnose, sobald ich mir über den ersten elementaren „Eindruck" zerlegende Rechenschaft gab. In einer andern Oberklasse fanden sich (in Münster) unter 25 Zöglingen 10 als typisch fälisch bezeichnet. Völlig daneben ging die Diagnose nur in einem einzigen Falle eines erst vor ganz kurzem zugezogenen thüringischen Schülers, der „fälisch" wirkte. Im Falle zweier Schülerinnen, bei denen ich mit Fragezeichen vermerkte: „rheinisch oder schon fälisch ?", stammte die eine bezeichnenderweise aus Essen, d. h. aus der Übergangszone der beiden Stammesarten. Hier schien die Mundstellung in der Ruhe fälisch zu sein, aber beim Sprechen überwog dann die rheinische Mimik.

Die Untersuchungen werden nunmehr aufs „ostfälische" Gebiet (etwa Hildesheim bis Braunschweig und Halberstadt) hineingetragen. Je nach dem Ergebnis würde die Frage aufzuwerfen sein, ob es nicht angezeigt wäre, den etwas umständlichen und wegen des heutigen Sachsentums auch nicht vereinfachbaren Terminus „niedersächsisch" insgesamt durch „fälisch" zu ersetzen. Dann könnte das Wort „sächsisch" ohne Zusatz für den Menschenschlag des staatssächsisch-thüringischen Gebietes vorbehalten werden. West- und Ostfalen machten ja um 1000 n. Chr. den Hauptinhalt des damaligen Herzogtums Sachsen, des heutigen „Niedersachsen" aus. Daß das historische Stückchen „Engern" dabei unter den Tisch fiele, wäre wohl zu ertragen. (Im besten Einklang hiermit die Ausführungen H. AUBINS in dem soeben erschienenen von ihm mitherausgegebenen Monumentalwerk „Der Raum Westfahlen".)

III. Das ostische Gesicht.

Der m. W. von H. GÜNTHER (Jena) zuerst in die Bezeichnungsweise eingeführte, rasch landläufig gewordene, durch Verquickung mit ethnopolitischen Wertungen leider schwer entwertete Begriff des „ostischen" Habitus ist dennoch physiognomisch brauchbar genug, um festgehalten und sinnvoll festgelegt zu werden. Die Streitfrage, ob es sich beim ostischen Habitus um den „Homo alpinus" oder *auch* um diesen oder um mongolide Ausläufer mit entgilbter Hautfarbe oder gar um die eurysome (Drallings-) Konstitution in Mittel- und Osteuropa handle, kann aus dem Spiele bleiben. Unvoreingenommene Beobachtung läßt keinen Zweifel daran, daß es besonders am slawischen und finnischen Rande des östlicheren Mitteleuropa einen sehr verbreiteten Gesichtstypus gibt, der je nach Ort und Zeit früher als „slawisches“ oder „wendisches“ oder „böhmisches“ oder „sarmatisches“ Gesicht oder ähnlich benamst worden ist. Folgende Merkmale zeichnen ihn aus:

1. Der *trapezische Gesichtsumriß* (Fig. 3) mit nicht spitzem, sondern eher (wenn auch manchmal schmalem) flachem Kinn; die Kinnecken treten als stumpfe Winkel scharf heraus, ihre Verbindungslinie ist flachbogig bis nahezu geradlinig. Ebenso scharf springen aber auch die Jochecken heraus als die Endpunkte der größeren oberen Gesichtsbreite. Das ostische Gesicht ist also *zugleich* kinnig *und* jochig, mandibular *und* jugal. Zwischen Jochecken und Kinnecken sind die *Wangen eingebogen*, ja oft wie *eingefallen*, es bestehen daher ausgeprägte *Jochschatten.*

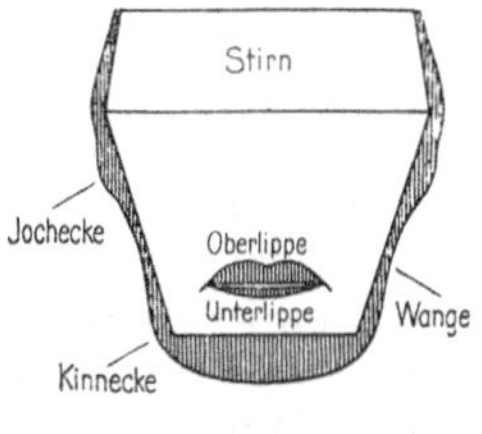

Fig. 3.

Fig. 4.

2. Der *breite Mund* ist an den Ecken ausgesprochen eingezogen, oft wie *eingefallen*, die Mundwinkel sind sehr tief, häufig grübchenartig, es entstehen dadurch ausgesprochene Mundwinkelschatten. Die *Unterlippe* steht hinter der Oberlippe deutlich zurück, im Profil bis zum Bilde des *skrophulösen* Habitus (Fig. 4), die Oberlippe erscheint oft geradezu wie überhängend, nicht vorgestülpt. Hierdurch und durch die eingezogenen Mundwinkel entsteht eine Schlaffheit im Gesamtbilde der ostischen Mundpartie, die an den „Altweibermund“ erinnert.

3. Die *Nasen* sind überwiegend eingebogen. Die nüsternsichtbare Stupsnase ist sehr häufig, sie kennzeichnet sich besonders oft durch eine knollig-fleischig überhängende (Fig. 4) Nasenspitze (vielfach als „6“er-Nase wegen der entfernten Ähnlichkeit mit einer arabischen geschriebenen 6 bezeichnet), krause Formen sind aber seltener als in Westeuropa, die Entenschnabelnase wird kaum beobachtet.

Das ostische Gesicht zeigt unmittelbar östlich einer Geraden, die vom Nordkap durch Schweden über die Odermündung bis zum

Triester Meerbusen gezogen wird, seine (vom Westen her gerechnet) erste Vorkommensverdichtung. Es beherrscht auf dieser Strecke finnische, germanische und slawische Sprachgebiete. Dies schließt *nicht* aus, daß es *auch* sprachmodelliert sein könnte. Denn die Lautformungsdynamik ist innerhalb *einer* Sprache oder Sprachenfamilie verschieden und kann über verschiedene Sprachenfamilien hin eine ähnliche sein: der *baltische* oder der *böhmische Akzent* beherrschen die verschiedenen Idiome ihres Geltungsbezirkes, etwa deutsch, lettisch *und* russisch oder deutsch *und* tschechisch. Die Abgrenzung der echt rassischen, erbfesten Elemente im ostischen Gesicht von den erlebnismodellierten (durch Sprechmelodie und Konventionstemperament erzeugten und fixierten, vgl. meine Abh. „Das fränkische Gesicht", diese Sitzungsber. 1921, Abh. 2, bes. S. 11 ff.) wird eine lohnende Aufgabe weiterer Untersuchungen sein, die noch in diesem Jahre in Schulklassen des Spree- und Odergebiets aufgenommen werden sollen.

Ein gleiches gilt übrigens auch fürs fälische Gesicht, in welchem rassischer (oder konstitutioneller) Genotyp und vorwiegend glossogener und mimogener Phänotyp ebenfalls voneinander zu scheiden sein werden.

Erwähnt, obschon nicht mehr im eigentlichen Sinne physiognomische Angelegenheit, möge eine Farbeigentümlichkeit des *Haares* sein, welche *auch* bei den Trägern des ostischen Gesichts, aber über sie hinaus vom Rande jener europäischen Demarkationslinie ab auftritt: der eigenartige *Silberschimmer*, keineswegs, wie oft dargestellt wird, nur bei blondem Haar — „aschblond" —, sondern auch bei den Hell- und Dunkelbraunhaarigen; auch bei ihnen so ungemein charakteristisch, daß er in bestimmten Lichteinfällen das Haar als ergrauend erscheinen lassen kann. Bei den Schuluntersuchungen in Rheinland und Westfalen war es in mehreren Fällen möglich, auf Grund dieses Schimmers die Herkunft vom Rande Osteuropas den betreffenden Zöglingen „auf den Kopf" zuzusagen (im wörtlichsten Sinne!), und in jedem Falle traf das zu. Man wird also verzeichnen dürfen, daß auch das ostische Gesicht, wie viele Gesichter *im* Osten, oft von dem in Westeuropa *nicht vorkommenden* aschblonden oder aschbraunen Haar begleitet sei. Ob der Silberschimmer eine erbmäßige oder eine umweltbedingte Variante darstellt, gehört nicht in unsere Fragestellungen hinein.

Für die Literatur sind außer den im Text schon zitierten neuen Werken von Kruse und Scheidt besonders verzeichnenswert die Verhandlungen des VII. Deutschen Soziologentages von 1930 (im Druck bei J. C. B. Mohr 1931) über „Die deutschen Stämme", im gedruckten Bericht S. 233—278: Hellpach, Die anthropologischen Grundlagen der Stammesforschung; Nadler, Die literarhistorischen Erkenntnismittel des Stammesproblems; Aubin, Die geschichtlichen Grundlagen der deutschen Stämme; Ders., in „Der Raum

Westfalen", Bd. I, 1931 „Die Geschichtliche Entwicklung". — An den dort aufgestellten Maximen der Stammeserforschung wird kein künftiger Versuch in dieser Richtung vorbeigehen und hinter sie wird kaum einer zurückfallen dürfen.

Abgeschlossen am 15. Juni 1931. Die der Mitteilung zugrunde liegenden Schulklassenbeobachtungen erstrecken sich bis zu diesem Datum auf 90 Oberklassen mit zusammen 1400 Zöglingen.

FSC
www.fsc.org
MIX
Papier | Fördert gute Waldnutzung
FSC® C083411

Kolibri 360 GmbH
Ferdinand-Jühlke-Straße 7
99095 Erfurt, Deutschland
produktsicherheit@kolibri360.de